CHINESE CHARACTER ORIENTED SHORT STORIES

学习以汉字为主的短篇小说

PART 53

CHENGXI XIANG

向晟希

ACKNOWLEDGEMENT

As I sit down to pen these words, my heart is filled with gratitude for the many individuals and influences that have inspired me to write this book.

First and foremost, I would like to express my deepest thanks to the countless scholars, linguists, and historians who have dedicated their lives to studying and preserving the rich heritage of Chinese language and culture. Without their tireless efforts, the stories contained within this book would not have been possible.

I am also immensely grateful to my family and friends for their unwavering support and encouragement throughout this journey. Your love, patience, and understanding have been my greatest source of strength and inspiration.

Special thanks go to the publishing team for their invaluable guidance and expertise. Your hard work and dedication have helped to bring this book to life, and I am deeply honored to have had the opportunity to work with you.

And finally, I would like to acknowledge the beauty and power of the Chinese language itself. Each of the 15 stories in this book is dedicated to a unique Chinese character, and I have been humbled and inspired by the rich tapestry of meanings and associations that these characters evoke. I hope that readers will find as much joy and fascination in these stories as I have in writing them.

Thank you all for your inspirations for this work. Without your kind support and guidance, this book would not have been possible.

INTRODUCTION

Welcome to this captivating collection of Chinese Character Short Stories book series. Each title in the series contains about 15 stories, each intricately woven around a unique Chinese character (学习以汉字为主的短篇小说). The character is used multiple times, that too in different situations, ensuring deep learning by the readers. The books offer a delightful journey through the rich tapestry of Chinese culture and language, inviting readers to delve into the depths of the characters that form the backbone of this ancient and vibrant script.

As you embark on this literary adventure, you'll encounter a diverse range of narratives, each one carefully crafted to showcase the profound meaning and symbolism embedded within a specific Chinese character. From the simplicity of daily life to the complexities of human emotions, these stories are a testament to the power of language and the endless possibilities it holds.

Each chapter takes you on a unique journey, exploring the character's usage and myriads of associations it evokes. You'll discover how these characters have shaped Chinese culture, influencing everything from art and literature to philosophy and daily life. And through the stories, you'll gain a deeper understanding of the Chinese mindset and worldview, as well as the intricate nuances of the language itself.

Whether you're a language learner seeking to immerse yourself in the beauty of simplified Chinese characters, or simply a fan of literature looking for something new and exciting, this book is sure to captivate your imagination and enrich your knowledge of Chinese culture. So, grab a cup of tea, settle in, and let the journey begin.

CONTENTS

Chapter 1: **The Wisdom of a Virtuous Wife Brings Peace to the Husband**

标题：《妻贤夫安》 (Qī Xián Fū Ān) - The Wisdom of a Virtuous Wife Brings Peace to the Husband

故事正文：

在宁静的村落里，住着一对夫妇，丈夫名为云逸，妻子则温婉贤淑，人称慧妻。慧妻不仅貌美如花，更有一颗善良聪慧的心，是村里人人称赞的好妻子。

云逸早年因家道中落，外出打拼，历经风霜，终得一番成就。然而，随着财富与地位的增长，他的心态也渐渐发生了变化，开始沉迷于酒色之中，对家中事务不闻不问。家中大小事务，全靠慧妻一人操持，她既要照顾年迈的公婆，又要抚养年幼的儿女，同时还要打理家务，其辛劳可想而知。

面对丈夫的冷落与放纵，慧妻并未心生怨恨。她深知，丈夫之所以如此，皆因心中空虚，缺乏慰藉。于是，她决定用自己的方式，唤醒丈夫的良知，重振家风。

慧妻开始更加用心地照顾云逸的生活起居，每日亲手准备他喜爱的饭菜，耐心倾听他的烦恼与忧虑。她还时常陪伴云逸漫步于田间小道，共同回忆往昔的艰辛与今日的成就，引导他珍惜眼前人，不忘初心。

在慧妻的悉心关怀下，云逸渐渐找回了往日的自我，他意识到自己的错误，深感愧疚。他开始主动承担起家庭的责任，与慧妻一同操持家务，教育子女，孝顺父母。夫妻二人相濡以沫，共同经营着这个温馨的小家。

随着时间的推移，云逸与慧妻的故事在村里传为佳话，人们纷纷赞叹慧妻的贤良淑德与云逸的知错能改。《妻贤夫安》不仅是一段关于家庭和睦的佳话，更是一曲对女性智慧与美德的颂歌。它告诉我们，一个家庭的幸福与安宁，离不开夫妻双方的理解、支持与共同努力。

Chapter 2: **The Legend of the Jiang Family**

标题：《姜家传奇》 (Jiāng Jiā Chuán Qí) - The Legend of the Jiang Family

故事正文：

在古老的华夏大地上，有一个世代以农耕为生的家族——姜家。姜家虽非名门望族，却因其家族中人才辈出，且个个性格坚韧、智慧超群，而在乡间享有盛名。

姜家的祖先，名讳已不可考，但相传他是一位勇于开拓、善于耕作的农夫。他带领族人开垦荒地，引水灌溉，使得姜家的田地年年丰收，成为村中的富裕之家。自那以后，姜家人便以勤劳和智慧为家族的传统，代代相传。

到了姜家第三代，出了一位名叫姜文的青年。姜文不仅继承了家族的勤劳与智慧，更有着一颗热爱学习、勇于创新的心。他自学医术，常年在山间采集草药，为乡亲们治病救人，深受村民们的爱戴。同时，他还改良了农具，提高了耕作效率，使得姜家的田地更加肥沃，收成更加丰厚。

姜文的妹妹姜婉，亦是才貌双全。她擅长纺织刺绣，所织之布、所绣之花，皆栩栩如生，令人叹为观止。姜婉还热心公益，常常将自己亲手制作的衣物赠送给贫困的村民，帮助他们度过寒冬。

姜家的传奇并未因此而止步。到了后世，姜家子孙更是遍布各行各业，有文人墨客挥毫泼墨，留下传世佳作；有武将豪杰驰骋沙场，保卫家国安宁；亦有商贾巨富诚信经营，富甲一方。无论身处何方，姜家人都始终铭记家族的教诲，以勤劳、智慧、善良、勇敢为立身之本。

《姜家传奇》不仅是一段关于一个家族兴衰更替的历史，更是一曲对勤劳、智慧、善良、勇敢等美德的颂歌。它告诉我们，无论时代如何变迁，只要家族成员能够齐心协力、共同奋斗，就一定能够创造出属于自己的辉煌篇章。

Chapter 3: **The Bond of Umbrellas**

题目：《伞缘》(Sǎn Yuán) - The Bond of Umbrellas

在江南的一个细雨蒙蒙的春日里，小镇上流传着一个关于伞的温馨故事。

故事的主人公是一位名叫婉儿的姑娘，她以制作手工油纸伞为生。婉儿的伞，每一把都精心绘制，色彩斑斓，宛如雨中的彩虹，为行人带去一抹不同寻常的温暖。

一日，春雨绵绵不绝，镇上突然来了一位年轻的旅人，名叫云深。他身着青衫，手持一卷古籍，行色匆匆间，却被突如其来的大雨困在了镇口。正当他焦急万分时，婉儿恰好经过，手中提着一把绘有桃花图案的伞，递给了云深，笑道："公子，这伞借你遮雨，莫让雨水湿了衣裳。"

云深感激不尽，接过伞，连连道谢。两人目光交汇，仿佛有千言万语未及言说。云深承诺，待雨停之时，定当归还。

然而，春日的雨总是缠绵悱恻，一连数日，雨丝不断。云深也因此在镇上逗留多日，他时常漫步于青石板路上，手执那把桃花伞，心中对婉儿充满了感激与好奇。终于，在一个雨后的黄昏，他带着一把自己精心挑选的、绘有山水风光的伞，再次来到婉儿的伞铺前。

"姑娘，你的伞，我完璧归赵。"云深将伞递上，眼中闪烁着真诚的光芒。

婉儿接过伞，轻轻一笑："公子有心，这伞更加添了几分故事。但我想，公子带来的这把伞，定有更深的意义吧？"

云深点了点头，缓缓道出：“此伞所绘山水，乃是我心中理想之境，愿它能如同你我之缘，虽经风雨，仍能保持那份纯净与美好。”

婉儿听后，心中涌动着莫名的情愫。她邀云深入内，亲自泡了一壶龙井茶，两人围炉而坐，共话风雨，谈诗论画，不觉间已至夜深。

从此，云深与婉儿因伞结缘，情愫渐生。每当下雨的日子，婉儿总会想起那把桃花伞下的邂逅，而云深，也时常带着那把山水伞，漫步在雨中，思念着婉儿的笑容。

最终，在又一个春雨绵绵的季节，云深决定留在小镇，与婉儿共同经营伞铺，用他们的双手，为更多人带去雨中的温馨与庇护。而他们的故事，也如同那两把伞一样，成为了小镇上流传的一段佳话，见证了伞下最美的缘分。

Chapter 4: **The Strength of Unity**

题目：《众志成城》(Zhòng Zhì Chéng Chéng) - The Strength of Unity

在古老的华夏大地上，有一个名为云隐村的地方，这里的人们世代以耕作为生，生活虽不富裕，但邻里间和睦相处，其乐融融。

一年，云隐村遭遇了前所未有的洪水灾害，连续多日的暴雨使得山洪暴发，冲毁了田地，淹没了村庄。村民们望着被洪水肆虐的家园，心中充满了绝望与无助。

就在这时，村中的长者召集了所有人，站在村口的大槐树下，他高声说道："我们虽面临困境，但众志成城，定能克服难关！让我们携手并肩，重建家园！"

"众志成城！"村民们纷纷响应，他们的眼中闪烁着坚定与希望的光芒。于是，一场浩大的抗洪救灾行动在云隐村拉开了序幕。

青壮年们组成了抗洪突击队，他们肩扛沙包，手拿铁锹，不顾个人安危，奋战在堤坝之上，用血肉之躯筑起了一道道坚固的防线。妇女和儿童也没有闲着，她们在家中熬制热汤，缝制衣物，为前线的勇士们提供后勤保障。

在这场战斗中，没有人抱怨，没有人退缩。大家心往一处想，劲往一处使，用实际行动诠释了"众志成城"的真谛。经过数日的艰苦奋战，洪水终于被成功阻挡在了村外，云隐村重新焕发了生机。

灾后重建的日子里，村民们更加团结一心。他们互帮互助，共同修缮房屋，开垦荒地，很快就恢复了往日的生产生活。每当夜幕降临，村中的广场上便会燃起篝火，大家围坐一圈，分享着抗洪救灾的感人故事，歌声与笑声交织在一起，温暖着每一个人的心房。

从此以后，云隐村变得更加坚不可摧。每当遇到困难和挑战时，村民们总会想起那次抗洪救灾的经历，以及那句响彻云霄的口号——“众志成城”。他们深知，只要大家团结一心，就没有克服不了的困难，没有过不去的坎儿。

这个故事在云隐村乃至更远的地方传为佳话，成为了人们心中永恒的信仰与力量源泉。

Chapter 5: **The Path to Fulfilling Ambitions**

题目：《达志之路》(Dá Zhì Zhī Lù) - The Path to Fulfilling Ambitions

在遥远的东方，有一片被群山环抱的宁静之地，名为云麓镇。镇上住着一位名叫云飞扬的少年，他自小便怀揣着一个远大的志向——成为一名能够造福百姓、名扬四海的学者。

云飞扬深知，要达成此志，非一日之功，需勤勉不辍，博采众长。于是，他每日鸡鸣而起，挑灯夜读，不仅研习经史子集，还广泛涉猎天文地理、医卜星相，力求知识渊博，见解独到。

岁月流转，云飞扬的学识日益精进，但他并未满足于此。他明白，真正的学问不仅在于书本，更在于实践。于是，他决定踏上旅途，寻访名师，以求进一步提升自己的修为。

一路上，云飞扬跋山涉水，历经千辛万苦。他遇到过山贼的拦截，也曾在荒野中迷路，但他始终坚定信念，勇往直前。每到一个地方，他都会虚心向当地的名士请教，与他们探讨学问，交流心得。

有一次，云飞扬来到了一座古刹前，这里住着一位德高望重的老僧，据说他对世间万物皆有独到见解。云飞扬怀着敬畏之心，登门拜访。老僧见他心诚志坚，便收他为徒，传授他佛家智慧与人生哲理。在老僧的悉心指导下，云飞扬的视野更加开阔，心灵也得到了净化。

数年之后，云飞扬学成归来，他不仅带回了丰富的知识与经验，更带回了一颗悲天悯人、济世安民的心。他开始在云麓镇设馆授徒，将自己所学无私地传授给乡亲们的子女。同时，他还积极参与地方事务，为百姓排忧解难，赢得了人们的尊敬与爱戴。

云飞扬的一生，是不断追求、不断达志的一生。他用自己的行动证明了：只要心中有梦，脚踏实地，勇于探索，就一定能够走出一条属于自己的成功之路。而他的名字，也因此被永远地镌刻在了云麓镇的历史长河中，成为了后人口中传颂的佳话。

Chapter 6: **The Hidden Oasis of Seclusion**

题目：《避世桃源》(Bì Shì Táo Yuán) - The Hidden Oasis of Seclusion

在群山环抱之中，隐藏着一个不为人知的村落，名为"避世村"。此地四季如春，鸟语花香，仿佛世外桃源，远离尘世的喧嚣与纷扰。

故事的主人公是一位名叫云逸的书生，他因厌倦了官场的尔虞我诈，决定辞去官职，寻找一片净土，以避世之心，过上恬静淡泊的生活。经过多日的跋涉，云逸终于来到了避世村的入口。

初见避世村，云逸便被眼前的景象深深吸引。村中房屋错落有致，皆由竹木搭建，与自然和谐共生。村民们日出而作，日落而息，脸上洋溢着满足与幸福的笑容。这里没有权势的争斗，没有利益的纠葛，只有纯朴的民风与和谐的人际关系。

云逸决定在此定居，他租了一间简陋的竹屋，开始了他的避世生活。每日清晨，他会在村头的小溪边诵读诗书，感受大自然的宁静与美好。午后，他会与村民们一起耕作，体验劳动的艰辛与乐趣。傍晚时分，则围坐在村中的老槐树下，聆听老人们讲述古老的传说与智慧。

随着时间的推移，云逸渐渐融入了避世村的生活。他不再为世俗的烦恼所困扰，心灵得到了前所未有的平静与自由。他开始用自己的知识帮助村民们解决困难，教孩子们识字读书，为避世村带来了更多的生机与活力。

然而，避世村并非完全与世隔绝。偶尔，也会有外界的旅人误入此地，他们或是迷路的商贾，或是逃避战乱的难民。每当这时，避世村的村民们都会以宽容与善良接纳他们，给予他们食物与庇护。云逸也会用自己的方式，帮助他们找到归途或重新开始生活的勇气。

岁月流转，云逸在避世村度过了他人生中最美好的时光。他用自己的经历告诉世人：在这个纷扰复杂的世界里，总有一片净土可以让我们的心灵得到安宁与自由。只要我们愿意放下世俗的束缚与偏见，勇敢地追寻内心的声音与梦想，就一定能够找到属于自己的避世桃源。

Chapter 7: **The Urgency Within**

题目：《要事在心》(Yào Shì Zài Xīn) - The Urgency Within

在古老的青阳镇，有一位名叫云轩的年轻人，他性情温和，却心怀大志。云轩自幼便知，人生在世，总有那么几件"要事"需要他去完成，去守护。

云轩的父亲曾是一位受人尊敬的药师，他用自己的医术救死扶伤，赢得了无数人的感激与尊敬。然而，一场突如其来的瘟疫，让父亲不幸染病离世，留下了未完成的心愿和满屋的医书。云轩深知，继承父亲的遗志，用医术造福百姓，便是他此生首要之"要事"。

于是，云轩放弃了原本打算从商的念头，转而投身于医学之中。他日夜苦读医书，向镇上的老医师求教，不断精进自己的医术。每当夜深人静之时，云轩总是独自一人，在昏黄的灯光下，细细研究那些复杂的药方和病例，心中只有一个念头："要治好每一个病人，让他们重获健康。"

几年后，云轩的医术已有了长足的进步。他不仅治愈了许多疑难杂症，还研发出了一种能够有效预防瘟疫的草药汤剂。每当瘟疫肆虐之时，云轩便带着他的草药，走村串户，为乡亲们免费发放，守护着一方平安。

然而，云轩的"要事"并未止步于此。他深知，医学虽能救人于一时，但要真正改变人们的命运，还需要教育。于是，他用自己的积蓄，在镇上创办了一所医馆兼学堂，不仅为病人看病，还招收年轻学徒，传授医术与医德。云轩常说："要培养更多像父亲那样的好医师，让医术之光照亮每一个角落。"

岁月如梭，云轩的一生都在为这两件“要事”奔波忙碌。他用自己的行动诠释了什么是责任与担当，什么是大爱无疆。而青阳镇的人们，也永远铭记着这位心地善良、医术高超的好医师，以及他那颗始终装着“要事”的炽热之心。

Chapter 8: **The Legend of Walan**

注意：由于“娲”并非一个常见的汉字，且在现代汉语中不常使用，为了创作一个符合要求的故事，我将对其进行一定的创意性解读，将其构想为一个虚构的地名或人物名的一部分。

题目：《娲澜传说》(Wā Lán Chuán Shuō) - The Legend of Walan

在遥远的东方，有一片被云雾缭绕的神秘之地，名为“娲澜谷”。这里山川壮丽，草木葱茏，传说中居住着一位拥有神奇力量的女子，人们都尊称她为“娲澜仙子”。

娲澜仙子不仅貌美如花，更拥有一颗慈悲为怀的心。她以山谷为家，与万物共生，用她的智慧和力量守护着这片土地上的生灵。每当山谷遭遇干旱或洪涝，娲澜仙子便会施展神通，呼风唤雨，让大地重获生机。

在娲澜谷的深处，隐藏着一个不为人知的秘密——一片神奇的花园，名为“娲澜花海”。这里四季如春，花开不败，每一朵花都蕴含着不同的力量与故事。娲澜仙子常在此地漫步，与花对话，倾听它们的心声，用她的爱滋养着这片花海。

有一天，山谷外来了一个年轻的旅人，名叫云游。他因追寻传说中的奇花异草而误入娲澜谷。在迷失方向之际，他意外地发现了娲澜花海，并被眼前的美景深深吸引。正当他沉醉于花香之中时，娲澜仙子悄然出现在他的面前。

娲澜仙子见云游心地善良，便决定引导他了解这片土地的秘密与力量。她带着云游穿梭于花海之间，向他讲述每一朵花的来历与寓意，并传授给他一些简单的医术与草药知识。云游在娲澜仙子的指引下，逐渐领悟到了自然与生命的奥秘。

然而，好景不长，山谷外突然传来消息，一股邪恶的力量正在逼近，企图破坏这片宁静的土地。娲澜仙子深知自己无法独自抵挡这股力量，于是她决定与云游联手，共同守护娲澜谷。

经过一番艰苦的战斗，娲澜仙子与云游终于击败了邪恶势力，保护了山谷的和平与安宁。为了感谢云游的帮助，娲澜仙子赠予他一朵最珍贵的花朵——“娲澜之心”，并告诉他：“这朵花代表着勇气、智慧与爱，愿它能陪伴你走过未来的路。”

从此以后，云游带着“娲澜之心”离开了娲澜谷，但他的心中却永远铭记着这段传奇的经历与那位美丽善良的娲澜仙子。而娲澜谷与娲澜花海的故事，也随着时间的流逝，成为了人们口中传颂的佳话。

Chapter 9: **The Serendipitous Matchmaker**

题目：《媒缘巧合》(Méi Yuán Qiǎo Hé) - The Serendipitous Matchmaker

在古老的江南水乡，有一户人家，家主姓柳，人称柳员外。柳员外膝下有一女，名唤柳婉儿，生得如花似玉，才情出众，却因家规严谨，迟迟未得良缘。

镇上有一位远近闻名的媒婆，姓张，人称张媒婆。她以善于察言观色，巧言撮合而闻名，经她之手成就的姻缘不计其数。柳员外见女儿年岁渐长，心中焦急，便请来了张媒婆，希望能为婉儿寻得一门好亲事。

张媒婆接下了这桩差事，便开始四处奔走，为婉儿物色合适的人选。然而，一连数月，张媒婆虽介绍了不少青年才俊，却都未能入得婉儿的眼。柳员外见状，虽心中焦急，却也尊重女儿的选择，不愿勉强。

一日，张媒婆偶然间得知，邻镇有一位年轻的书生，名叫苏子墨，不仅才学出众，且品行端正，深受乡亲们的尊敬。张媒婆心中一动，觉得此人或许能与婉儿相匹配，便决定亲自前往邻镇一探究竟。

经过一番打听，张媒婆终于见到了苏子墨。她见子墨果然如传闻中一般温文尔雅，才华横溢，心中大喜，便暗中留意起来。同时，她也从旁人口中得知，子墨对婉儿早有耳闻，且颇为倾慕，只是苦于无缘相识。

张媒婆心中有了计较，便巧妙安排了一场偶遇。在春日里的一次赏花会上，婉儿与苏子墨不期而遇。两人一见如故，相谈甚欢，彼此间仿佛有说不完的话。张媒婆在一旁看在眼里，喜在心里，知道自己的努力没有白费。

经过一段时间的相处，婉儿与子墨的感情日益深厚。终于，在张媒婆的撮合下，两家商议定了婚期。大婚之日，整个江南水乡都沉浸在一片喜庆之中，人们纷纷称赞这段姻缘是天作之合，更是对张媒婆的巧手安排赞不绝口。

从此，婉儿与子墨过上了幸福美满的生活。而张媒婆，也因为这桩美事，在镇上的名声更加响亮，成为了人们心中不可或缺的“红娘”。每当有人提及这段佳话，都会感慨地说一句：“真是媒缘巧合啊！”

Chapter 10: **The Dream That Could Fly**

故事标题：会飞的梦 (Huì Fēi De Mèng)

英文标题：The Dream That Could Fly

在一个遥远而宁静的小镇上，住着一个名叫小雨的女孩。小雨有个特别的梦想，她希望自己能像鸟儿一样，在蓝天白云间自由飞翔。每当夜幕降临，她都会趴在窗前，望着满天星辰，心中默默许愿："如果我能飞，那该多好啊！"

有一天，小雨在森林边捡到了一枚奇异的羽毛，它散发着淡淡的光芒，仿佛蕴含着某种魔力。小雨小心翼翼地把它带回家，放在枕边。那晚，她做了一个奇妙的梦——在梦里，她轻轻地挥动着手臂，竟然真的飞了起来！

她飞越了郁郁葱葱的树林，与轻盈飘过的云朵嬉戏，俯瞰着小镇上点点灯火，一切都显得那么渺小而又温馨。小雨兴奋地大喊："我会飞了！我真的会飞了！"她的笑声在夜空中回荡，惊起了几只夜宿的鸟儿。

正当小雨沉浸在飞行的快乐中时，她发现前方有一座金碧辉煌的宫殿，宫殿的屋顶上镶嵌着无数宝石，在月光的照耀下熠熠生辉。小雨好奇地飞近，只见宫殿大门缓缓打开，一位慈祥的老人走了出来，他身穿长袍，手持法杖，笑容可掬地望着小雨。

"孩子，欢迎来到梦想之殿。"老人的声音温暖而有力，"你的勇气和纯真打动了我们，这枚羽毛是通往梦想之门的钥匙。记住，只要心中有梦，勇于追求，就没有什么是不可能的。"

小雨激动得说不出话来，她紧紧握住羽毛，仿佛握住了整个世界。老人轻轻一挥法杖，小雨便从梦中醒来，但那份飞翔的感觉依旧清晰如初。她看向枕边的羽毛，发现它已失去了光芒，变得平凡无奇，但小雨知道，它给予了自己最宝贵的礼物——勇气和信心。

从那以后，小雨变得更加勤奋和勇敢。她努力学习，不断挑战自我，虽然身体未能真正飞翔，但她的心灵已经翱翔于无垠的宇宙之中。她相信，只要坚持不懈，总有一天，她能够以自己的方式，实现那个会飞的梦。

而那片羽毛，也被小雨珍藏起来，成为了她心中最宝贵的记忆和动力源泉。每当遇到困难或挫折时，她都会想起那个飞翔的梦，提醒自己：只要心中有梦，就勇敢地去追吧！

Chapter 11: **The Power of Cooperation**

故事标题：合作的力量 (Hé Zuò De Lì Liàng)

英文标题：The Power of Cooperation

在一个风和日丽的春日里，小镇上的动物们决定共同建造一座新的图书馆，以便大家能有一个共享知识和乐趣的地方。这个计划得到了所有动物的热烈响应，无论是力大无穷的大象，还是灵巧敏捷的小松鼠，都纷纷表示要参与其中。

为了确保工程的顺利进行，大家决定通过合作来完成这项任务。首先，智慧的狐狸担任了总策划，他根据每个动物的特点分配了任务。大象负责搬运沉重的木材和石块，猴子们则利用它们的敏捷，在树林间采集建造所需的藤蔓和树叶。而小兔子和小松鼠们，则负责收集干草和树枝，为图书馆的内部装饰做准备。

随着工程的推进，动物们遇到了不少困难。一次，由于雨水连绵不断，刚搭建好的木架开始摇摇欲坠。面对这一突发情况，大家没有退缩，而是更加紧密地团结在一起。大象们用它们强壮的身躯稳住木架，猴子们迅速找来防水的叶子覆盖在上方，而小兔子和小松鼠则忙着疏通排水，确保雨水不会继续积聚。

经过一段时间的共同努力，图书馆终于初具规模。然而，如何让这个空间既美观又实用，又成为了新的难题。这时，孔雀们献出了自己五彩斑斓的羽毛，装饰在图书馆的各个角落；而蜜蜂们则不辞辛劳，酿造出最甜美的蜂蜜，作为图书馆开放时的庆祝礼物。

最终，在所有动物的共同努力下，一座既坚固又美观的图书馆建成了。它不仅成为了小镇上的一道亮丽风景线，更成为了动物们交流思想、分享知识的温馨家园。每当夜幕降临，图书馆内总是灯火通明，传来阵阵欢声笑语。

通过这次合作，动物们深刻体会到了团结的力量。它们明白，无论遇到多大的困难，只要大家心往一处想，劲往一处使，就没有克服不了的难关。而这座图书馆，也成为了它们友谊和合作的永恒见证。

Chapter 12: **Overcoming Obstacles**

故事标题：跨越难关 (Kuà Yuè Nán Guān)

英文标题：Overcoming Obstacles

在遥远的山谷里，有一个被群山环抱的小村庄，村民们世代以耕作为生，生活虽不富裕却也安宁。然而，有一年夏天，连续的暴雨引发了山洪，冲毁了村庄的桥梁，切断了通往外界的唯一道路。村民们的生活因此陷入了困境，粮食短缺，医疗物资无法送达，孩子们上学也成了大问题。

面对这突如其来的灾难，村民们没有选择放弃，而是团结一心，决定共同寻找解决之道。年轻的阿强是村里的木匠，他提议利用村里的木材和石材，重新建造一座更加坚固的桥梁。这个想法得到了大家的热烈响应，于是，一场浩大的建桥工程开始了。

在建造过程中，村民们遇到了许多困难。首先是材料运输的问题，由于道路中断，所有材料都需要人工搬运，耗时耗力。但村民们没有退缩，他们肩扛手抬，一步步将材料运到了施工现场。接着是技术难题，桥梁的设计和建造需要专业的知识，而村民们大多缺乏这方面的经验。为此，阿强自学了桥梁建造的知识，并带领大家一起研究讨论，不断试错和改进。

时间一天天过去，桥梁的轮廓逐渐清晰起来。然而，就在即将完工之际，一场突如其来的暴风雨再次考验着村民们。暴雨如注，山洪汹涌，新建的桥梁面临着巨大的威胁。但村民们没有放弃，他们冒着生命危险，加固桥基，疏通河道，最终成功抵御了暴雨的侵袭。

经过无数个日夜的辛勤努力，那座承载着村民们希望和梦想的桥梁终于建成了。它不仅连接了村庄与外界的道路，更连接了村民们的心。当第一辆汽车缓缓驶过桥梁时，整个村庄沸腾了，村民们欢呼雀跃，庆祝这一历史性的时刻。

从此以后，村庄的发展步入了快车道。孩子们可以方便地到镇上上学，村民们也能将自家的农产品运出去销售，生活变得更加美好。而那座坚固的桥梁，也成为了村民们心中永远的骄傲和象征——它见证了村民们团结一心、跨越难关的勇气和决心。

Chapter 13: **The Uncoverable Starlight**

故事标题：遮不住的星光 (Zhē Bù Zhù De Xīng Guāng)

英文标题：The Uncoverable Starlight

在一个被茂密森林环绕的小村庄里，住着一位名叫小悠的女孩。小悠性格内向，总是喜欢一个人静静地坐在村口的老槐树下，望着远方被层层叠叠树叶遮住的天空。每当夜幕降临，她总幻想着能穿透那些遮挡，看到璀璨的星空。

村里流传着一个古老的传说，说是在森林的最深处，隐藏着一处神秘的水潭，那里的水清澈见底，能够倒映出世间最纯净的心灵。更重要的是，当心灵纯净到一定程度时，水潭会散发出奇异的光芒，照亮整片森林，连最密集的树叶也无法遮挡住那光芒。

小悠对这个传说充满了好奇与向往。她决定踏上寻找神秘水潭的旅程，希望能在那里找到属于自己的星光，让心中的阴霾一扫而空。

带着简单的行囊和满腔的热情，小悠踏入了茂密的森林。一路上，她遇到了各种各样的挑战：错综复杂的路径、凶猛的野兽、还有时不时遮挡视线的浓雾和密林。但无论遇到多大的困难，小悠都没有放弃，她坚信只要心中有光，就没有什么能够阻挡她的脚步。

经过无数次的跌倒与爬起，小悠终于来到了传说中的神秘水潭边。水潭果然如传说中那般清澈，仿佛能洗净世间一切尘埃。小悠跪坐在水潭边，闭上眼睛，用心去感受那份纯净与宁静。就在这时，奇迹发生了——水潭中开始缓缓升起一缕柔和的光芒，它穿透了四周的树叶和雾气，照亮了整片森林。

小悠睁开眼睛，只见眼前的世界变得前所未有的明亮和清晰。她终于明白，那遮不住的星光其实一直存在于每个人的心中，只要勇于面对困难，坚持追求梦想，内心的光芒就会像这水潭中的星光一样，穿透一切阻碍，照亮前行的道路。

从此以后，小悠变得更加自信和开朗。她回到村庄，用自己的经历激励着每一个遇到困难的人。而那个关于遮不住的星光的传说，也在她的讲述下，成为了小村庄里流传最广的美丽故事。

Chapter 14: **The Tale of Incubating Dreams**

故事标题：孵梦记 (Fū Mèng Jì)

英文标题：The Tale of Incubating Dreams

在遥远的云隐村里，住着一个名叫小梦的年轻女孩。小梦拥有一颗温柔而富有想象力的心，她最大的爱好就是收集各种各样的蛋，无论是鸟蛋、蛇蛋还是传说中神秘生物的蛋，她都视若珍宝。小梦相信，每一个蛋里都孕育着一个独特的生命，以及一个等待孵化的梦想。

有一天，小梦在村后的古老森林中，意外地发现了一枚散发着淡淡光芒的奇异蛋。这枚蛋表面布满了细腻的纹路，仿佛蕴含着某种不可思议的力量。小梦小心翼翼地将其带回家中，决定用自己的温暖和爱意来孵化它。

小梦为这枚蛋准备了一个舒适的巢穴，每天轮流用体温温暖它，还哼唱着轻柔的歌谣，希望能给予它力量和勇气。日复一日，月复一月，小梦的坚持和耐心似乎真的有了回应。那枚蛋开始微微颤动，内部似乎有生命在缓缓苏醒。

终于，在一个星光璀璨的夜晚，蛋壳轻轻裂开，从中孵化出了一只拥有透明翅膀、闪烁着微光的小精灵。小精灵的眼中充满了对世界的好奇与感激，它轻轻落在小梦的指尖，用稚嫩的声音说："谢谢你，小梦，是你用爱和耐心孵化了我的梦想。"

原来，这只小精灵是森林之灵的使者，它的使命是帮助那些心怀梦想的人实现愿望。为了感谢小梦的孵化之恩，小精灵决定带小梦去一个神奇的地方——梦想谷，那里聚集了所有即将成真的梦想。

在梦想谷里，小梦看到了五彩斑斓的梦境在空中飘荡，每一个都代表着一个未完成的梦想。小精灵教会了小梦如何倾听梦想的声音，如何用自己的行动去帮助它们实现。小梦发现，原来自己孵化的不仅仅是一个生命，更是一份传递爱与希望的力量。

从那以后，小梦和小精灵成了最好的朋友。她们一起穿梭于森林与村庄之间，帮助那些有梦想却迷茫的人找到方向。而小梦也在这个过程中，逐渐成长为了一个勇敢、善良且充满智慧的女孩。她的故事，就像那枚被孵化的蛋一样，在云隐村乃至更远的地方，传唱成了一首关于爱与梦想的美丽歌谣。

Chapter 15: **The Moonlit Dance of É**

故事标题：娥舞月影 (É Wǔ Yuè Yǐng)

英文标题：The Moonlit Dance of É

在古老的华夏大地上，流传着一段关于仙娥与月宫的美丽传说。在那遥远的天际，有一座晶莹剔透的宫殿，名为广寒宫，里面住着一位名叫嫦娥的仙娥，她美丽绝伦，舞姿曼妙，是世间所有女子所向往的典范。

嫦娥原是凡间一国的公主，因误食了仙丹，身体变得轻盈无比，飘然升天，来到了这孤寂的月宫之中。月宫中虽有无尽的清冷与寂寞，但嫦娥并未因此而消沉，她以月为伴，以舞为乐，每日在月光下翩翩起舞，用她那轻盈的身姿和哀婉的舞姿，诉说着对故乡和亲人的无尽思念。

每当夜幕降临，人间便能看到一轮明月高悬天际，那柔和的月光中似乎蕴含着一种难以言喻的美妙旋律。传说这便是嫦娥在月宫中起舞时所散发的光芒与音乐，它们穿越了重重云霭，来到了人间，为世人带来一丝丝慰藉与希望。

有一年中秋之夜，人间举行盛大的庆祝活动，家家户户团圆赏月，共庆佳节。就在这时，一阵奇异的风吹过，天空中突然出现了一道亮丽的光芒，紧接着，一位身着彩衣、头戴珠翠的仙娥缓缓降落在了一片空旷的草地上。她正是嫦娥，被人间浓厚的亲情与欢乐所感染，决定暂时离开月宫，来到人间与人们共度这美好的时光。

嫦娥的出现引起了人们的惊叹与欢呼，她轻启朱唇，为众人讲述着月宫中的故事，并在月光下跳起了那支流传千古的舞蹈。她的舞姿如同流云般轻盈，又如同流水般柔美，每一个动作都充满了无尽的韵味与情感。人们被她的美丽与才华所深深吸引，纷纷跟随她的节奏轻轻摆动身体，整个夜晚都沉浸在一片欢乐与祥和之中。

然而，欢乐的时光总是短暂的。当第一缕晨光划破天际时，嫦娥知道她必须返回月宫了。她依依不舍地向人们告别，并承诺每年的中秋之夜都会再次来到人间与大家相聚。从此以后，每年的中秋之夜都成为了人们期盼团圆与美好的重要时刻而嫦娥那支在月光下翩翩起舞的身影也成为了人们心中永恒的记忆与向往。

Milton Keynes UK
Ingram Content Group UK Ltd.
UKHW050641300924
448895UK00014B/86